19732

LE RETOUR

NOUVELLE MESSÉNIENNE

PAR

CASIMIR DELAVIGNE

PARIS
PERROTIN, ÉDITEUR-LIBRAIRE
1, PLACE DE LA BOURSE

M DCCC XL

Prix : 1 franc

LE RETOUR

NOUVELLE MESSÉNIENNE

Imprimerie de H. Fournier et C°, rue Saint Benoît, 7.

LE RETOUR

nouvelle

MESSÉNIENNE

PAR

CASIMIR DELAVIGNE

PARIS
PERROTIN, ÉDITEUR-LIBRAIRE
1, PLACE DE LA BOURSE
—
M DCCC XL

NOUVELLE MESSÉNIENNE

LE RETOUR

Au Hâvre.

Le voilà ce vieux môle, où j'errai si souvent !
Ainsi grondaient alors les raffales du vent,
Quand aux pâles clartés des fanaux de la Hève,
  Si tristes à minuit,
Le flux en s'abattant pour envahir la grève,
  Blanchissait dans la nuit.

Au souffle du matin qui déchirait la brume
Ainsi sur mes cheveux volait la fraîche écume;
Et quand à leur zénith les feux d'un jour d'été
    Inondaient ces dalles brûlantes.
Ainsi, dans sa splendeur et dans sa majesté,
La mer sous leurs rayons roulait l'immensité
    De ses houles étincelantes.

Mais là, mais toujours là, hormis si l'ouragan
Des flots qu'il balayait restait le seul tyran,
Toujours là, devant moi, ces voiles ennemies
    Que la Tamise avait vomies
    Pour nous barrer notre Océan!

Alors j'étais enfant, et toutefois mon âme
Bondissait dans mon sein d'un généreux courroux;
Je sentais de la haine y fermenter la flamme:
Enfant, j'aimais la France et d'un amour jaloux.
J'aimais du port natal l'appareil militaire;
J'aimais les noirs canons, gardiens de ses abords;

J'aimais la grande voix que prêtaient à nos bords
Ces vieux mortiers d'airain sous qui tremblait la terre ;
Enfant, j'aimais la France : aimer la France alors,
  C'était détester l'Angleterre !

Que disaient nos marins, lui demandant raison
  De sa tyrannie éternelle,
Quand leurs deux poings fermés menaçaient l'horizon ?
Que murmuraient les vents quand ils me parlaient d'elle ?
Ennemie implacable, alliée infidèle !
On citait ses serments de parjures suivis,
Les trésors du commerce en pleine paix ravis,
Aussi bien que sa foi sa cruauté punique :
Témoin ces prisonniers ensevelis vingt ans,
Et vingt ans dévorés dans des cachots flottants
  Par la liberté britannique !

  Plus tard, un autre prisonnier,
Dont les bras en tous lieux s'allongeant pour l'atteindre
Par-dessus l'Océan n'avaient pas pu l'étreindre,

Osa s'asseoir à son foyer.
Ceux qui le craignaient tant, il aurait dû les craindre;
Il les crut aussi grands qu'il était malheureux,
Et le jour d'être grands brillait enfin pour eux.
Mais ce jour, où, déchu, l'hôte sans défiance
Vint le sein découvert, le fer dans le fourreau,
Ce jour fut pour l'Anglais celui de la vengeance :
Il se fit le geôlier de la Sainte-Alliance
  Et de geôlier devint bourreau!

Oui, du vautour anglais l'impitoyable haîne
But dans le cœur de l'aigle expirant sous sa chaîne
Un sang qui pour la France eut voulu s'épuiser :
Car il leur faisait peur, car ils n'ont pu l'absoudre
  D'avoir quinze ans porté la foudre
  Dont il faillit les écraser.

Il ne resta de lui qu'une tombe isolée
  Où l'ouragan seul gémissait.
En secouant ses fers la grande ombre exilée

Dans mes rêves m'apparaissait.
Et j'étais homme alors, et maudissais la terre
Qui le rejeta de ses bords :
Convenez-en, Français, aimer la France alors,
C'était détester l'Angleterre !

Mais voici que Paris armé
Tue et meurt pour sa délivrance,
Vainqueur aussitôt qu'opprimé ;
Trois jours ont passé sur la France :
L'œuvre d'un siècle est consommé.

Des forêts d'Amérique aux cendres de la Grèce,
Du ciel brûlant d'Égypte au ciel froid des Germains.
Les peuples frémissaient d'une sainte allégresse.
Les lauriers s'ouvraient des chemins
Pour tomber à nos pieds des quatre points du monde ;
Sentant que pour tous les humains
Notre victoire était féconde,
Tous les peuples battaient des mains.

Entre l'Anglais et nous les vieux griefs s'effacent ;
Des géants de l'Europe enfin les bras s'enlacent ;
Et libres, nous disons : « Frères en liberté,
« Dans les champs du progrès guidons l'humanité ! »
Et nous oublions tout, jusqu'à trente ans de guerre,
      Car les Français victorieux
Sont le plus magnanime et le plus oublieux
      De tous les peuples de la terre.

Sa cendre, on nous la rend ! mer, avec quel orgueil
      De tes flots tu battais d'avance
Ce rivage du Hâvre où tu dois à la France
      Rapporter son cercueil !
Mais à peine ce bruit fait tressaillir ton onde,
Qu'un vertige de guerre a ressaisi le monde.
      Homme étrange, est-il dans son sort
Que tout soit ébranlé quand sa cendre est émue ?
Elle a tremblé, sa tombe, et le monde remue ;
      Elle s'ouvre, et la guerre en sort !

LE RETOUR

Encore une Sainte-Alliance!
Eh bien! si son orgueil s'obstine à prévaloir
Contre l'œuvre immortel des jours de délivrance,
Ce que l'honneur voudra, nous saurons le vouloir.
Aux Anglais de choisir! et leur choix est le nôtre,
<blockquote>

Quand nous serions seuls contre tous;

Car un duel entre eux et nous
</blockquote>
C'est d'un côté l'Europe et la France de l'autre!

<blockquote>

Viens, ton exil a cessé;

Romps ta chaîne, ombre captive;

Fends l'écume, avance, arrive:

Le cri de guerre est poussé.

Viens dans ton linceul de gloire,

Toi qui nous as faits si grands;

Viens, spectre que la victoire

Reconnaîtra dans nos rangs.

Contre nous que peut le nombre?

Devant nous tu marcheras;

Pour vaincre à ta voix, grande ombre,

Nous t'attendons l'arme au bras!
</blockquote>

Partez, vaisseaux; cinglez, volez vers Sainte-Hélène,
Pour escorter sa cendre encor loin de nos bords ;
Le noir cercueil flottant qui d'exil la ramène
Peut avoir à forcer un rempart de sabords.
Volez ! seul contre cent fallût-il la défendre,
Joinville périra plutôt que de la rendre,
Et dans un tourbillon de salpêtre enflammé,
Il ira, s'il le faut, l'ensevelir fumante
   Au fond de la tombe écumante
   Où *le Vengeur* s'est abîmé !

Que dis-je? vain effroi! Dieu veut qu'il la rapporte
  Sous la bouche de leur canon,
  Et passe avec ou sans escorte,
  Que l'Océan soit libre ou non.
Mais qu'il ferait beau voir l'escadre funéraire,
  Un fantôme pour amiral,
Mitrailler en passant l'arrogance insulaire,
  Et lui, sous son deuil triomphal,
  Pour conquérir ses funérailles,
Joindre aux lauriers conquis par quinze ans de batailles

LE RETOUR

Les palmes d'un combat naval!

Viens, dans ce linceul de gloire,
Toi qui nous as fait si grands;
Viens, spectre que la victoire
Reconnaîtra dans nos rangs.
Contre nous que peut le nombre?
Devant nous tu marcheras :
Pour vaincre à ta voix, grande ombre,
Nous t'attendons l'arme au bras!

Arme au bras! fiers débris de la phalange antique,
Qui, de tant d'agresseurs vengeant la république,
Foula sous ses pieds nus tant de drapeaux divers;
Arme au bras! vétérans d'Arcole et de Palmyre,
Vous, restes mutilés des braves de l'Empire;
Vous, vainqueurs d'Ulloa, de l'Atlas et d'Anvers!
Dans les camps, sur la plaine, aux créneaux des murailles,
Avec tes vieux soutiens et tes jeunes soldats,
Avec tous les enfants qu'ont portés tes entrailles,

Arme au bras, patrie, arme au bras!

Il aborde, et la France, en un camp transformée,
    Reçoit son ancien général;
Il écarte à ses cris le voile sépulcral;
    Cherche un peuple et trouve une armée!

Les pères sont debout, revivant dans les fils;
Ses vieux frères de gloire, il les revoit encore:
« Vous serez, nous dit-il, ce qu'ils furent jadis;
« Une ligue nouvelle aujourd'hui vient d'éclore:
    « D'un nouveau soleil d'Austerlitz
    « Demain se lèvera l'aurore! »

Aux salves du canon que j'entends retentir,
    Sur lui le marbre saint retombe;
Et peut-être avec lui va rentrer dans la tombe
    La guerre qu'il en fit sortir!
Mais que sera pour nous l'amitié britannique?

Entre les deux pays, séparés désormais,
Le temps peut renouer un lien politique :
    Un lien d'amitié, jamais !

Consultons son tombeau, qui devant nous s'élève :
Au seul nom des Anglais nous y verrons son glaive
    Frémir d'un mouvement guerrier !
    Consultons la voix du grand homme,
    Et nous l'entendrons nous crier :
« Jamais de paix durable entre Carthage et Rome ! »
Il le disait vivant ; il le dit chez les morts ;
C'est qu'en vain sur ce cœur pèse une froide pierre :
Il est le même, ô France ; il t'aime, noble terre,
Comme alors il t'aimait..... Aimer la France alors.
    C'était détester l'Angleterre !

www.ingramcontent.com/pod-product-compliance
Lightning Source LLC
Chambersburg PA
CBHW061958070426
42450CB00009BB/2083